Christina Eckstein

Kleine Frage – Große Wirkung

story.one – Life is a story

story.one

1st edition 2023

Production, design and conception:
story.one publishing - www.story.one
A brand of Storylution GmbH

Font set from Minion Pro, Lato and Merriweather.

Mein Dank geht an Sabrina Heep für Korrektur und Unterstützung während des gesamten Schreibprozesses

ISBN: 978-3-7108-5666-2

"Nichts muss für immer so bleiben, nur weil es immer schon so war."

Christina Eckstein

INHALT

*"Weisheit ist nicht Wissen,
sondern zu wissen, wie man
mit Wissen umgeht."*

Christina Eckstein

Von Weisheit und anderen Dingen

„Ob ein Mensch klug ist, erkennt man an seinen Antworten. Ob ein Mensch weise ist, erkennt man an seinen Fragen“, so formulierte es der ägyptische Schriftsteller Nagib Mahfuz. Fragen müssen dabei gewiss nicht groß wirken, sie müssen auch nicht auf den ersten Blick tiefgründig aussehen oder gar clever erscheinen. Das wahrlich Besondere liegt schon jeher in den kleinen Dingen und die Würze bekanntlich in der Kürze. Die Frage, die Ihnen zu Weisheit und Weitsicht verhelfen kann, zu Reflexion und Veränderung, zur Erfüllung Ihrer Träume und Erreichung Ihrer Ziele, ist eine Frage, die Ihnen schon unzählige Male begegnet sein mag. Vermutlich hat diese Frage auf Sie viel zu alltäglich gewirkt, als dass Sie Ihr je mehr Beachtung geschenkt hätten. Doch diese Frage hat es in sich. Anhand der in diesem Buch enthaltenen sieben Themenfelder werden Sie erkennen, wie diese Frage Ihr Leben grundlegend auf den Kopf stellen kann - im positiven Sinne versteht sich und natürlich auch nur, wenn Sie das möchten.

Die Frage lautet: „Warum?“ Doch warum ist das „Warum“ so wichtig?

Die Frage „Warum?“ ist wie ein Schlüssel, der uns Zugang zu den Schätzen unserer inneren Welt verschafft. Sie ist der Anfang eines Prozesses, der es uns ermöglicht, uns wirklich kennenzulernen und zu verstehen, was unter der Oberfläche verborgen liegt. Wenn wir uns erlauben, diese Frage zu stellen, öffnen sich Türen zu neuen Perspektiven und Einsichten. Das „Warum“ ist somit nicht nur irgendein Schlüssel, sondern quasi der Generalschlüssel zur Selbstreflexion. Indem wir uns fragen, warum wir auf eine bestimmte Weise denken, fühlen oder handeln, beginnen wir, uns selbst besser zu verstehen. Wir werden feststellen, ob unsere Entscheidungen, Handlungen und Ziele im Einklang mit unseren wahren Überzeugungen stehen oder ob sie womöglich von äußeren Einflüssen geleitet werden. Erst, wenn wir all das erkennen, haben wir auch eine echte Chance etwas zu verändern, denn: Die Bewusstwerdung ist der erste Schritt der Veränderung. Diese Frage lässt uns nicht nur uns selbst, sondern auch das Leben, den Status quo und die Essenz des Seins auf völlig neue Weise sehen. Das Bemerkenswerte daran ist, dass uns die

Frage „Warum?“ immer auf der Gefühlsebene durch diese Entdeckungstour führt. Und jeder, der sich schon einmal mit Persönlichkeitsentwicklung oder Bewusstseinsforschung auseinandergesetzt hat, weiß, dass unsere Gefühle der Kern für Veränderung von Form und Materie sind. Sie sind somit das Zauberwerkzeug zur Veränderung unserer Welt, unserer Realität und unseres Lebens. Durch diese Verbindung zu Ihren Gefühlen, durch den Einsatz dieser Frage, wird Ihnen die Transformation Ihres Selbst nicht länger als ein von Ihnen distanziertes Konstrukt erscheinen, sondern Sie werden aktiv und konstant Ihr Leben ausrichten können.

Diese Frage hat nicht nur in meinem Leben, sondern auch im Leben meiner Kund*innen viel verändert. Nun möchte ich dieses Wissen mit Ihnen teilen. Verstehen Sie also dieses gesamte Buch als eine Art Einladung, den Schleier der Oberflächlichkeit zu durchbrechen, um die Wahrheit hinter den Dingen zu finden und vor allem: Den Kern Ihres wahren Selbst zu entdecken. Ich wünsche Ihnen viel Freude dabei, sich selbst und das Leben auf eine völlig neue Art und Weise kennenzulernen.

"Dass alles immer gleich sein muss, ist wie ein Blockbuster - eine fiktive Welt, die wir als wahr akzeptieren sollen.
In Wahrheit bedeutet Leben Veränderung."

Christina Eckstein

Das wahre Gesicht der Veränderung

Als Rednerin und Coach habe ich es mir zur Aufgabe gemacht, Veränderung nicht als großes und kompliziertes Wissen zu vermitteln, sondern Ihnen mit ganz einfachen, gezielten Fragen zu helfen, Ihre Ziele zu erreichen. Das Witzige daran ist: Im Kern sind Sie schon die Person, die Sie gerne sein möchten, die das Leben führt, das Sie gerne hätten – es muss nur noch aus Ihnen herausgekitzelt werden, damit auch Sie es sehen können. Sie werden erkennen, dass alles bereits da ist und schon immer da war. Sie haben nur an den falschen Orten gesucht. Und falls Sie jetzt die Sorge haben sollten, dass sich im Kern ja doch wieder nichts verändern wird: Glauben Sie mir, alles wird sich verändern! Aber ganz anders, als Sie dachten. Ab jetzt wird Veränderung im Einklang mit Ihnen und so selbstverständlich geschehen, dass Sie es nicht mehr als etwas Großes, Erdrückendes oder Beängstigendes wahrnehmen, sondern als etwas Fantastisches, Leichtes und Fließendes.

Ja, Veränderung kann Angst machen. Wenn wir auf ein Ziel zugehen, werden wir mehr als einmal unsere Komfortzone – also unseren gewohnten Rahmen, in dem wir uns wohl und sicher fühlen – verlassen müssen. Daher ist es wichtig, dass wir ein „Warum" haben - eine Motivation, die stärker ist als unsere Angst. Für mich war der Weg zur Rednerin auch kein leichter. Ich bin nicht aufgewacht und alles war da. Nein, als ich angefangen habe, war ich eine schüchterne, junge Frau. Manchmal war schon ein Spaziergang oder der Gang zum Supermarkt für mich eine große Überwindung. Sichtbar sein war meine größte Herausforderung auf dem Weg ins „Rampenlicht". Während ich die gängigen Varianten probiert hatte, wie „Stell dich auf eine Bühne, bis du dich daran gewöhnt hast", war ich immer wieder im selben Kreislauf gefangen: Aufregung, Alltag, Aufregung, Alltag. Bis ich plötzlich erkannt habe, dass ich nicht in Ausnahmesituationen Dinge verändern kann, sondern in den ganz alltäglichen Situationen. Also habe ich begonnen mich zu fragen: „Warum machen mich bestimmte Situationen nervös? Warum möchte ich mich an manchen Tagen am liebsten verstecken?" Und erst als ich diese ganzen „Warums" ergründet hatte, konnte ich mich in Leichtigkeit verändern. Und noch etwas durfte ich feststellen: Manchmal vergessen wir auf dem Weg zu unseren großen Zielen und Veränderungswünschen die kleinen Wunder. Wir hören und lesen viel von Dankbarkeit, doch schreiben gefühllose Dankbarkeitstagebücher und rattern unsere Dankbarkeitsgebete herunter. Wenn wir aber unseren Alltag mit der Frage „Warum?" reflektieren, werden wir an einen Punkt kommen, an dem wir gelebte Dankbarkeit – eine der hochschwingensten Energien, die wir erzeugen können, neben Liebe – praktizieren. Dabei werden wir erkennen, welch großartige Wunder uns schon Tag für Tag begleiten und welche Geschenke uns das Leben bereits gemacht hat. Das Begreifen, dass alles gut ist, so wie es ist, ist der Startschuss für Veränderung: Sie beginnt dann, wenn wir sie eigentlich nicht mehr brauchen. Paradox, aber wahr.

Die wahren Momente der Veränderung können Sie nicht mit dem Kopf herbeiführen, sondern nur fühlen. Wenn Sie also auch gerne diese Momente erleben möchten, dann lassen Sie uns auf die Suche am richtigen Ort gehen und dieser Ort sind Sie.

"Alles baut
aufeinander auf:
Jeder Schritt, den du gehst.
Jede Erfahrung - ganz gleich, wie
schwer sie auch sein mag -
ist von unschätzbarem Wert!"

Christina Eckstein

Keine halben Sachen

Bevor Sie die Frage „Warum?“ in Ihrem Leben anwenden, gibt es zwei grundlegende Voraussetzungen, die Sie beherzigen sollten, damit Ihnen das volle Potenzial dieser Frage zuteilwird:

1. Seien Sie ehrlich zu sich selbst

Die Grundlage jeder persönlichen Entwicklung ist die Ehrlichkeit zu sich selbst. Wenn Sie sich mit der Frage „Warum?“ auseinandersetzen, ist es von entscheidender Bedeutung, dass Sie offen und ehrlich sind in Bezug auf Ihre Gedanken, Gefühle, Antriebe und Handlungen. Es ist mir durchaus bewusst, dass ich damit viel von Ihnen verlange, weil diese Ehrlichkeit Mut erfordert. Doch, wenn Ihnen das gelingt, werden Sie in der Lage sein, die tieferen Schichten Ihrer inneren Welt zu erkunden. Sie werden Muster erkennen können, die Sie bisher möglicherweise übersehen haben und Einsichten gewinnen, die ganz automatisch zu persönlichem Wachstum und Veränderung führen. Die Ehrlichkeit zu sich selbst eröffnet den Raum für Selbsterkenntnis und ermöglicht es Ihnen, eine authentischere Verbindung zu sich selbst aufzubauen. Ein besonderer Nebeneffekt der Ehrlichkeit zu sich selbst ist übrigens, dass sich wie durch Zauberhand auch Ihre Mitmenschen plötzlich ehrlicher Ihnen gegenüber verhalten. Man nennt dieses kleine Wunder auch das Gesetz der Resonanz. Es besagt, dass man das anzieht, was man selbst ausstrahlt. Ehrlichkeit lohnt sich also auf allen Ebenen Ihres Lebens.

2. Geben Sie der Frage „Warum?" Zeit

Veränderung und Transformation benötigen Zeit und eine gewisse Form der Kontinuität. Die Erforschung der Frage „Warum?" ist keine einmalige Übung, sondern eine Gewohnheit, die im Laufe der Zeit und über die Zeit hinweg entwickelt und weiterentwickelt werden muss. Wie Sie die aktive Arbeit mit dieser Frage zeitlich planen, ist selbstverständlich ganz Ihnen überlassen, denn Sie kennen sich selbst am besten. Sollten Sie jedoch nach etwas Führung suchen, dann wäre hier mein Vorschlag:

Setzen Sie sich das Ziel, die Frage für mindestens einen Monat konstant anzuwenden. Notieren Sie währenddessen sämtliche Gedanken, Gefühle, Eindrücke und Erkenntnisse in Bezug auf die Frage „Warum?" im jeweils von Ihnen gewählten Lebenskontext – einige Vorschläge für mögliche Lebensbereiche finden Sie bereits in diesem Buch. Legen Sie gleich zu Beginn ein Datum nach Ablauf des Monats fest, an dem Sie alles reflektieren. Welche Veränderungen haben sich in Ihrem Denken, Fühlen und Handeln ergeben? Haben Sie neue Erkenntnisse über sich selbst gewonnen? Haben Sie Muster erkannt, die Sie transformieren möchten? Die Reflexion gibt Ihnen die Möglichkeit, den Fortschritt zu würdigen und die nächsten Schritte in Ihrer persönlichen Entwicklung zu planen. An diesem Reflexionstag – das verspreche ich Ihnen – werden Sie sich unter anderem im Klaren darüber, wie das einfache Beobachten des eigenen Selbst durch diese Frage bereits Veränderungen in Ihrem Leben bewirkt hat.

Die Frage „Warum?" wird so zu Ihrem Kompass auf der Abenteuerreise der Veränderung, an dem Sie sich immer wieder orientieren können, um sich nach Ihrem wahren Nord auszurichten.

"Du bekommst nicht immer das,
was du willst,
aber du bekommst immer das,
was du fühlst."

Christina Eckstein

Meistern Sie die Kunst der Manifestation

Manifestation ist eine wunderbare Methode, um Wünsche wahr werden zu lassen. Aber Achtung: Im Grunde manifestieren wir immer - uns ist es nur nicht zu jeder Zeit bewusst. Manifestieren stammt aus dem Lateinischen (manifestare) und wird übersetzt mit „etwas handgreiflich machen, etwas offenbaren, zeigen“, also etwas Formloses in eine Form bringen oder etwas Unsichtbares sichtbar machen. So offenbart sich auch alles, was wir insgeheim gedacht oder gefühlt haben. Wenn Sie genau wissen, was Sie denken oder fühlen, ersparen Sie sich unangenehme Überraschungen und können zudem noch viel effektiver die Methode der Manifestation einsetzen.

Lassen Sie uns kurz die Grundprinzipien hinter der Manifestation festhalten:
Bei der Manifestation stellen wir uns gedanklich vor, dass wir unser gewünschtes Ziel bereits erreicht haben, so aktivieren wir unsere geistigen und emotionalen Ressourcen, um diesen

Zustand Wirklichkeit werden zu lassen. Unsere Vorstellungskraft ist also der Funke, der den Motor der Manifestation in Gang setzt. Emotionen sind der Treibstoff der Manifestation. Es ist nicht nur wichtig, sich vorzustellen, dass wir unser Ziel erreicht haben, sondern es ist entscheidend, die damit verbundenen positiven Emotionen zu fühlen. Wie fühlt es sich also an, Ihr Ziel beziehungsweise Ihren Zielzustand zu leben? Emotionen erzeugen eine Schwingung, die das Universum auf subtile Weise beeinflusst und unsere gewünschten Ergebnisse anzieht. Klarheit darüber, was wir wirklich wollen, ist ein weiterer zentraler Bestandteil der Manifestation, denn so können wir präzise unsere Energien ausrichten. Und letztlich benötigen wir für eine von Erfolg gekrönte Manifestation noch die Vereinigung von Herz und Verstand. Wenn diese beiden in Einklang sind, lässt das unsere Manifestationskraft exponentiell ansteigen.

Doch welche Rolle spielt nun das „Warum" in all dem?
Die Frage „Warum will ich das?", ermöglicht es uns, jenseits oberflächlicher Ziele, unsere Herzenswünsche zu ergründen. Sie birgt außerdem alle wichtigen Bausteine, die wir für eine erfolg-

reiche Manifestation benötigen: die Klarheit, das Gefühl, die Kohärenz von Herz und Verstand, sowie die visuelle Vorstellung unseres Ziels. Einer der wichtigsten Bestandteile der erfolgreichen Manifestation ist - wie schon erwähnt - das Gefühl. Anfänglich eröffnet die Frage „Warum?" meist nur ein Gefühl in uns. Doch dieses Gefühl ist genau das, was wir brauchen. Folgen wir diesem Gefühl, finden wir die Antwort. Und das Beste ist: Wir erhalten nicht nur irgendeine Antwort, nein. Wir erhalten die wahre, tiefliegende Antwort, warum wir etwas wirklich wollen. Haben Sie den Mut Ihre wahren Absichten hinter Ihren Zielen ins Gesicht zu blicken, vielleicht überarbeiten Sie aber auch Ihre Ziele, weil Sie erkennen, dass Sie eigentlich etwas ganz anderes wollen. Merken Sie sich: Ihr Verstand kann Sie täuschen, Ihr Gefühl aber nicht.

Die Kunst der Manifestation ist weit mehr als nur Wunschdenken. Sie ist eine kraftvolle Methode, um unsere Realität bewusst zu gestalten. Nutzen Sie dieses wundervolle Tool also mit Herz und Verstand.

*"Suche nicht nach deinem Beruf,
sondern finde deine Berufung."*

Christina Eckstein

Erkennen Sie Ihre wahren Werte

In der heutigen Welt, in der wir von schier unendlichen Möglichkeiten und Entscheidungen umgeben sind, sollte die Frage nach dem „Warum" immens an Bedeutung gewinnen, da sie uns Orientierung und Halt bieten kann. In diesem Kapitel widmen wir uns exemplarisch dem Lebensbereich „Beruf und Berufung".

Selbstständigkeit kann ein aufregender Schritt sein, der mit Freiheit, aber auch Verantwortung, einhergeht. Um diese Reise erfolgreich zu gestalten, ist das Verstehen des eigenen „Warums" unverzichtbar. Warum haben Sie sich eigentlich dafür entschieden, Ihr eigenes Unternehmen zu gründen? Warum wollen Sie Ihre Vision und Botschaft in die Welt bringen? Diese Fragen führen Sie zu grundlegenden Motiven hinter Ihrer Selbstständigkeit. Bleiben Sie auch hier nicht bei den einfachen Antworten, die Sie der Welt sofort auf einem großen Banner mitteilen würden, um zu zeigen, wie toll Sie sind. Sondern vielleicht finden Sie auch neben den gesellschaftlich akzeptierten Antworten ein paar vollkommen eigennützige Motive heraus. Wichtig ist hierbei: Nichts ist besser oder schlechter! Von Relevanz ist nur, dass Sie es erkennen und annehmen. Erst, wenn wir unser „Warum" kennen, können wir unsere Entscheidungen und Handlungen bewusst ausrichten und eine sinnerfüllte, sowie erfolgreiche Selbstständigkeit erfahren.

Auch im Angestelltenverhältnis spielt das „Warum" eine entscheidende Rolle. Warum haben Sie sich für diesen Job entschieden? Was sind die Gründe für Ihre berufliche Zufriedenheit oder Unzufriedenheit? Aber auch: Warum haben Sie noch nicht gekündigt, wenn Sie doch gerade unzufrieden sind? Diese Fragen führen Sie zu einem tieferen Verständnis Ihrer Werte und Bedürfnisse. Dadurch können Sie Ihren aktuellen Beruf gezielt gestalten – und ja, diese Möglichkeiten gibt es immer. Vielleicht schlagen Sie aber sogar eine völlig neue berufliche Laufbahn ein. Was auch immer Sie tun: Sie haben es verdient einen Beruf auszuüben, der Sie erfüllt.

Doch auch bereits viel früher könnten wir uns mit dem „Warum" auseinandersetzen. Betrachten wir beispielsweise die Entscheidung für unsere Ausbildung oder unser Studium (oder gar unsere schulische Laufbahn). Warum haben Sie in dem einen Fach super Noten, während Sie in einem anderen Fach große Herausforderungen haben? Warum haben Sie sich für genau dieses Fachgebiet (dieses Studium oder diese Ausbildung) entschieden? Welche Werte und Interessen liegen hinter all dem? Je früher Sie wissen, was Sie wirklich begeistert und antreibt, desto leichter wird für Sie der Lebensbereich „Beruf und Berufung" auch in Zukunft zu gestalten sein.

Können Sie sich vorstellen, dass Sie nur noch Entscheidungen treffen, die Sie glücklich machen? Können Sie sich vorstellen, dass Sie statt (eines Tages) einen Beruf auszuüben, Ihre Berufung leben? Nein? Wie schade, denn genau dafür sind Sie doch eigentlich hier. Jeder von uns hat genau die Fähigkeiten, die er braucht. Jeder von uns ist wie ein Teil eines Puzzles. Seien Sie genau der Teil, der Sie sind, mit all seinen eigenen Ecken, Kanten und Wölbungen - denn Sie werden gebraucht, damit das Puzzle vollständig ist. Also lassen Sie uns mutig in die Tiefen unseres „Warums" eintauchen, um unser volles Potenzial zu entfalten.

*"Alles Schlechte
entsteht nur aus Angst."*

Christina Eckstein

Lieben Sie Ihre Schattenseiten

Wenn Sie der Frage „Warum?“ wahrhaftig auf den Grund gehen, werden Sie schnell auf die verborgenen Facetten Ihrer Persönlichkeit stoßen - Ihre „Schattenseiten“. Sie repräsentieren jene Eigenschaften und Aspekte unseres Selbst, die wir oft verbergen oder ablehnen, weil sie nicht dem Bild entsprechen, das wir von uns selbst gerne hätten. Faulheit, Egoismus, Unsicherheit oder andere „unvollkommene“ Eigenschaften wären hier beispielsweise zu nennen. Wussten Sie, dass die Dinge, die wir strikt ablehnen, versuchen zu vermeiden oder sogar bekämpfen, immer mehr Macht gewinnen? So ist es tatsächlich, denn unsere Energie folgt unserer Aufmerksamkeit. Und die Aspekte, Eigenschaften, Situationen etc., die wir am stärksten meiden wollen, erhalten - wenn wir ehrlich sind - auch unsere höchste Aufmerksamkeit und somit die meiste Energie. So können Sie sich das auch mit den „negativen“ Aspekten Ihres Selbst vorstellen: Je mehr Sie versuchen gegen diese Aspekte anzukämpfen, desto stärker und präsenter werden sie in Ihrem Leben.

Was können Sie also tun?

1. Geben Sie Ihrem Schatten Raum

Eigentlich ist es ganz einfach – wie so vieles: Lassen Sie diese Schattenseiten einfach einmal eine Weile da sein, ohne sie zu bewerten. Das ist der erste kleine Schritt für die Annahme unserer Schattenseiten und ein großer Schritt der Selbstakzeptanz und des Mitgefühls. Indem wir diese Aspekte anerkennen und da sein lassen, geben wir uns selbst die Erlaubnis, vollständig und echt zu sein. Das ist übrigens wahre Selbstliebe. Diese Liebe befreit uns von der Selbstkritik und dem Druck, immer perfekt sein zu müssen.

2. Fragen Sie nach

Gehen Sie mit offenen Armen auf die Schatten Ihrer Persönlichkeit zu und eröffnen Sie den Dialog: Warum haben Sie diese Schatten? Warum lehnen Sie diese Schattenseiten ab? Wenn dieser Aspekt dafür sorgt, dass es Ihnen gut geht, ist er dann wirklich schlecht oder ablehnenswert? Was wir nicht kennen und verstehen, das macht uns Angst. Wenn wir unsere Schattenseiten jedoch kennenlernen, verlieren sie ihren Schrecken und wir können anfangen mit ihnen zu arbeiten.

3. Ändern Sie die Perspektive

Erschrecken Sie nicht, wenn Sie während dieses Erkenntnisprozesses feststellen, dass der eine oder andere Aspekt, den Sie bis vor Kurzem noch abgelehnt oder gar verteufelt haben, ein wichtiger Aspekt ist, der für Ihre Selbstliebe oder gar Ihren Selbstschutz sorgt. Vielleicht stellen Sie fest, dass ihr Egoismus gar nicht so schlecht ist, weil er Ihnen hilft, für sich einzustehen. Vielleicht bemerken Sie, dass Ihre gelegentliche Faulheit Ihrem Körper wichtige Ruhephasen schenkt. Oder vielleicht erkennen Sie auch, dass Sie Ihre Unsicherheit einfach liebenswert wirken lässt und Sie können darüber künftig schmunzeln, statt dagegen anzukämpfen.

Was halten Sie also davon, mutig Ihren Schattenseiten zu begegnen und somit die befreiende Liebe zu Ihrem gesamten Selbst zuzulassen? Wenn Sie vor sich selbst - und zwar mit all Ihren Facetten - keine Angst mehr haben, haben Sie auch sonst im Leben vor nichts mehr Angst. Denn das Mutigste, was wir tun können, ist uns selbst zu erkennen.

"Es gibt nur eine Frage,
die wichtig ist:
Welches Leben willst DU
führen?"

Christina Eckstein

Finden Sie Ihre Motivation

Kennen Sie zufällig Tage, an denen Sie morgens nicht aus dem Bett kommen? Zu Ihrer Beruhigung: Sie sind damit nicht allein! Doch wussten Sie, dass diese kleine Frage „Warum?“ auch ein riesiger Motivationsbringer ist? Folgen Sie der Frage „Warum stehe ich eigentlich jeden Tag auf?“ und lassen Sie sich zu Ihrem Kernantrieb führen.

Oft habe ich schon Antworten gehört, wie: „Ich stehe jeden Morgen auf, weil ich die Hoffnung habe, dass eines Tages etwas besser wird.“ Oder: „Wenn ich liegen bleibe, wird es ja nur noch schlimmer.“ Sollten diese Antworten bei Ihnen zufällig auch als Erstes erscheinen, dann verrate ich Ihnen jetzt ein Geheimnis: Das sind nur Oberflächen-Antworten. Sie verbergen tieferliegende Motivationen, die darauf warten, entdeckt zu werden. Lassen Sie uns also diese Illusion der Oberflächen-Antworten lüften, denn dahinter wartet der Ruf unseres wahren Antriebes auf uns.
Folgen Sie also stattdessen dem Gefühl, was Sie

dazu veranlasst, sich jeden Tag aufs Neue noch einmal in Bewegung zu setzen. Fragen Sie sich, was genau diese Hoffnung ist. Ist es wirklich nur die Tatsache, dass Sie Schmerz vermeiden wollen? Ist es wirklich nur ein „Weg-Von" oder ist es nicht doch irgendwie ein „Hin-Zu"? Und wenn Sie jetzt feststellen, Sie haben doch irgendwie ein „Hin-Zu", dann haben Sie die Möglichkeit dieses „Hin-Zu" genauer zu erforschen und Ihre wahre Kernmotivation zu finden. Denn auf was wollen Sie zugehen? Was lässt Sie jeden Morgen aufstehen? Reden wir also wirklich von planloser Hoffnung, dass irgendwann etwas besser wird, wenn wir uns weiterhin einfach aus dem Bett quälen oder haben wir in Wahrheit nicht irgendwo darunter einen Traum liegen – ein Ziel, ein Lebensgefühl oder einen konkreten Wunsch? Lassen Sie nicht locker, hinterfragen Sie! Plötzlich und ganz unerwartet wird irgendwann ein besonderes Gefühl in Ihnen auftauchen: Das Gefühl eines wahren „Aha-Erlebnisses". Sie werden in diesem besonderen Moment erkennen: „Ja, das ist das Thema, das wirklich dahinter liegt. Das ist der Grund, warum ich jeden Morgen aufstehe! Diese eine Sache will ich in meinem Leben verwirklichen." Und ich freue mich jetzt schon mit Ihnen, wenn Sie diesen Moment erleben. Es ist,

als würde ein fehlender Teil endlich an seinen Platz zurückkehren und auf einmal erkennen wir den Zusammenhang zwischen unseren Handlungen, Träumen und Zielen.
Die Frage „Warum?“ führt uns also von einem „Weg-Von-Denken“ zu einem „Hin-Zu-Denken“. Anstatt uns nur auf das zu konzentrieren, was wir vermeiden wollen, lenken wir nach und nach unsere Aufmerksamkeit auf das, was wir erreichen möchten. Wir entdecken, dass hinter unserer Motivation, aufzustehen, ein tieferes Verlangen oder Ziel liegt, das uns antreibt.

Und einen besonderen Nebeneffekt möchte ich Ihnen natürlich auch nicht vorenthalten. Er lautet: Bye-bye Morgenmuffel! Haben Sie erst einmal Ihr „Warum“ gefunden, was Sie jeden Morgen aufstehen lässt, haben Sie auch Ihr Lebensziel entdeckt. Da Ihnen nun bewusst ist, wo Sie hin möchten, wird es Ihnen nicht nur leichter fallen morgens aufzustehen, sondern auch Ihre Laune wird deutlich besser sein, denn Sie wissen ab jetzt: Jeder Tag enthält die Chance diesem Ziel einen Schritt näherzukommen. Na, wenn das kein Grund zur Freude ist?

"Nein, du musst nicht
perfekt sein -
nur echt!"

Christina Eckstein

Stehen Sie für sich ein

Kennen Sie diese Momente, in denen Sie „Ja" sagen und „Nein" meinen? Vermutlich folgten diesen Momenten prompt einige Selbstvorwürfe und ein leichtes Gefühl der Frustration. Das „Warum" kann Ihnen auch künftig in genau solchen Situationen ein treuer Freund sein, der Ihnen hilft ein „Ja" oder „Nein" klar zu kommunizieren, ohne, dass Sie sich währenddessen oder im Anschluss schlecht fühlen.

Nehmen wir an, Sie haben etwas widerwillig einer Familienfeier zugesagt. Fragen Sie sich doch einfach einmal, warum Sie so gehandelt haben. Wenn Ihre Antwort jetzt lautet, dass es Ihnen nun einmal einfach eine Freude macht, anderen eine Freude zu machen, dann haben Sie doch Ihr „Warum". Lassen Sie es einfach so stehen. Sollten Sie aber feststellen, dass es Ihnen aber überhaupt keine Freude macht, dann graben Sie weiter nach der Antwort. Fragen Sie sich, warum Sie „Ja" gesagt haben. Fragen Sie sich, was genau Sie eigentlich gerne anders haben wollten. Fragen Sie sich, warum Sie es anders haben wollten. Peu à peu bekommen Sie so ein Feingefühl für sich und Ihre Bedürfnisse. Dadurch wiederum werden Sie sich mit der Zeit immer wichtiger nehmen und es beginnt ganz von allein eine völlig neue Form der Selbstliebe.

Heutzutage ist das Thema Selbstliebe in aller Munde und irgendwie haben wir auch verstanden, dass wir uns selbst (mehr) lieben und wertschätzen müssten. Doch es fehlt häufig etwas, um wirkliche Selbstliebe zu praktizieren, beziehungsweise wirklich für uns einstehen zu können. Und das, was fehlt, ist das Gefühl. Denn solange wir es nicht fühlen können, bleibt auch der wunderbare Begriff der Selbstliebe für uns bloße Theorie. Doch Selbstliebe ist nur durch die Praxis erfahrbar und Selbstliebe ist ein reines Gefühl. Und nein! Nicht jeder Mensch liebt sich gleich und nicht alle Menschen macht dasselbe glücklich. Nicht alle haben dieselben Grenzen oder die gleichen Herausforderungen. Finden Sie das, was für Sie Selbstliebe bedeutet und fangen Sie dabei mit der Bestandsaufnahme Ihres Lebens an. Mit der Beantwortung der Frage „Warum?“ spricht nicht mehr ihr Verstand, was Sie alles müssen, sondern Ihr Herz. Sie erhalten inneres Wissen, innere Klarheit und die Erkenntnis: „Ja! Darum mache ich das. Weil ich dieses Gefühl haben will. Weil ich genau diese eine Sache für mich haben will." Und in diesem Moment hören Sie auf, sich zu rechtfertigen und zu erklären und beginnen sich zu lieben und für sich einzustehen, ohne sich schlecht dabei zu fühlen.

Ihr Feingefühl für Ihre Bedürfnisse wird immer besser, indem Sie Ihre Handlungen und Entscheidungen immer wieder hinterfragen. Schließlich führt Sie die Frage „Warum?" weg von äußeren Erwartungen und Verpflichtungen hin zu Ihrem inneren Kern. Sie hören auf, sich beeinflussen zu lassen und zu rechtfertigen und fangen stattdessen an, sich selbst mehr zu vertrauen und Ihrer inneren Stimme Ausdruck zu verleihen. Dies geschieht nicht, weil Sie denken, dass Sie es müssen, sondern weil Sie spüren, dass Ihr eigenes Wohl Ihr höchstes Gut ist. Die Selbstabgrenzung wird also zu einer natürlichen Handlung, die aus dem tiefen Verständnis Ihrer eigenen Bedürfnisse entsteht. Das führt Sie ganz automatisch zur Kunst des authentischen „Ja" und „Nein".

"Dein tiefster Schmerz
birgt deine größte Kraft."

Christina Eckstein

Fühlen Sie Ihren Lebenssinn

Lassen Sie uns in diesem Kapitel einem Thema widmen, das ausgesprochen relevant ist und mir in meiner Arbeit häufiger begegnet, als man glaubt. Selbst, wenn Sie damit vielleicht (noch) nicht in Berührung gekommen sein sollten, hält es auch für Sie interessante Einblicke bereit. In den herausforderndsten Momenten unserer Existenz können Fragen auftauchen, die uns erschüttern, eine dieser Fragen lautet: „Warum lebe ich eigentlich noch?“ Doch gerade in dieser scheinbar düsteren Frage liegt ein erstaunlich strahlendes Potenzial.

Die ersten Antworten, die uns auf die Frage „Warum lebe ich eigentlich noch?“ in den Sinn kommen, sind häufig wie ein Deckel, der ein Gefäß luftdicht versiegelt. Um jedoch an die wahre Essenz zu gelangen, müssen wir das Gefäß wieder öffnen. Ein solcher Öffner ist die Hartnäckigkeit weiterzuforschen. Indem wir nicht locker lassen, können wir zu den Antworten gelangen, die letztlich sogar unseren Lebenssinn enthüllen. Dafür lohnt es sich doch

dranzubleiben, oder? Mit der Zeit gelangen wir zu weitaus größeren Fragen, wie: „Wer bin ich überhaupt? Was mache ich wirklich? Was gebe ich anderen Menschen eigentlich?“ Wir lenken so nach und nach unseren egozentrischen Fokus auf etwas viel Erhabeneres. Mit einem Mal geht es um unser Dasein in dieser Welt. Unser Eingebundensein in allem. Unserem Platz im Universum. Wir blicken plötzlich auf unsere Einzigartigkeit und unsere Bedeutsamkeit. Eine Bedeutsamkeit, die frei von jeglichem Egoismus ist.
Und noch etwas, das ich in meiner Arbeit als Coach in diesem Kontext schon häufig erlebt habe und an dieser Stelle als wichtig erachte mit Ihnen zu teilen. Es handelt sich um eine sehr faszinierende Antwort auf die Frage „Warum lebe ich eigentlich noch?“. Die Antwort lautet: „Ganz gleich, was ich gerade tun würde, es ist mir noch nicht gestattet zu gehen.“ Meist gefolgt von dem Satz: „Selbst, wenn ich es versuchen würde, würde es nicht funktionieren.“ In diesem Moment geht es um eine tiefe innere Erkenntnis, die über die Angst vor dem Tod hinausgeht. Es handelt sich um ein Wissen - eine Verbindung zu unserem Seelenplan. Um genau zu sein, ist es die Fähigkeit des „Hellwissens“. Und ja, diese Fähigkeit haben auch Sie.

Viele Menschen, die spirituell interessiert sind, wünschen sich ihren Seelenplan zu kennen und dieser Punkt, über den wir hier gerade sprechen, ist besonders: Zu wissen, dass es noch nicht an der Zeit ist zu gehen, ist bereits ein Einblick in Ihren Seelenplan. Hier könnten Sie ansetzen weiterzuarbeiten, wenn Sie das Thema „Seelenplan“ oder „Hellsinne“ interessiert. Gerne würde ich das an dieser Stelle jedoch einfach einmal so stehen lassen.

Die Frage „Warum?“ kann uns also auch in dunklen Momenten zu außergewöhnlichen Entdeckungen führen. Durch das Erkennen, dass wir mehr wissen als wir denken, öffnet sich ein Raum des Erwachens. Wir entdecken unsere Bestimmung, unseren Seelenauftrag, unseren Lebenssinn und beginnen, uns auf eine tiefere Ebene unseres Daseins einzulassen. Lassen Sie diese Impulse nun einfach auf sich wirken und vertrauen Sie darauf, dass der Moment des Verstehens kommt, wenn Sie für ihn bereit sind. Vielleicht erleben Sie ihn auch bei einer ganz anderen Situation, in der Sie sich die „Warum“-Frage stellen - wer weiß?

"Wenn du wissen willst,
was Wirklichkeit ist,
dann frage dich,
was du für wahr hältst."

Christina Eckstein

Entdecken Sie das Leben neu

Unsere Reise durch die Kraft des „Warums" führt uns schließlich zu meiner Lieblingsfrage: „Warum ist das so?" Diese simple Frage öffnet die Türen zu einer neuen Art des Erkundens und Verstehens der Komplexität des Lebens. Sie lädt uns dazu ein, die Welt um uns herum mit einem neugierigen, aber auch kritischen Blick zu betrachten und die Vielschichtigkeit der Realität zu erkunden.

„Warum ist das so?", ist der Ausdruck unserer angeborenen Neugierde. Wenn wir diese Frage stellen, geben wir uns die Möglichkeit, die Dinge nicht einfach hinzunehmen, sondern sie vollständig zu durchleuchten und das Leben aus neuen Blickwinkeln zu betrachten. Jeder, der Kinder hat, kennt die „Warum-Phase" ziemlich gut, in der alles genau erkundet wird. Kinder haben noch den natürlichen Entdeckergeist in sich. Für sie ist die Welt voller Wunder und sie wollen sie mit allen Sinnen begreifen und erleben. Erwachsene hingegen sind jedoch häufig abgestumpft und von der Welt um sich herum getrennt. Wir, die Erwachsenen, sind desinteressiert an den Dingen, die uns Tag für Tag umgeben. Leider heißt „Erwachsen sein" heutzutage „getrennt sein von allem", dabei enthält das Wort „erwachsen" doch das Wort „wach". Statt also wach und mit offenen Augen das Leben zu erkunden, haben wir nur noch den eingeschränkten Fokus auf Termine und Ziele, Finanzpläne und Selbstdarstellung. Von „erwachen" kann auch keine Rede sein, denn Kinder sind viel spiritueller und verbundener als wir. Also sollten wir uns fragen: Wollen wir so weiter machen oder wollen wir wieder zu Entdeckern werden? Wollen wir vielleicht sogar Geschichte schreiben und „Erwachsen sein" neu definieren? Was meinen Sie?

Kommen wir nun zurück zu unserer Frage „Warum?" und dem tieferen Verständnis der Verbindung zwischen den Dingen. Durch ihre Anwendung beginnen wir zu erkennen, wie alles miteinander verwoben ist und wie jede Handlung, jeder Gedanke und jede Entscheidung Auswirkungen auf das größere Ganze haben. Nach dem „Warum" zu fragen ermutigt uns, die Rätsel des Lebens zu lösen, hält uns in Bewegung und inspiriert unser Denken. Außerdem ist es eine stetige Einladung zur bewussten Präsenz im Hier und Jetzt, denn wir werden dazu angehalten, die Gegenwart bewusster zu erleben. Dadurch werden wir aufmerksam auf die Details, die Zusammenhänge und die Schönheit, die in jedem Moment verborgen liegt. Erkunden Sie das Leben mit all Ihren Sinnen und einem neugierigen Geist. Gehen Sie hinaus in die Welt, schauen Sie sich die Situationen an, schauen Sie sich die Menschen an, schauen Sie sich an, was um Sie herum passiert. Betrachten Sie das Leben mit völlig neuen Augen und fragen Sie sich einfach: Warum ist das so? Und nicht anders? Warum hängt das mit dem zusammen und dies mit das? Jetzt beginnt das Abenteuer Leben so richtig.

Also lassen Sie sich mit dieser Frage in Ihr Leben fallen und entdecken Sie, was es zu entdecken gibt. Denn wie sagte Albert Einstein bereits? „Wichtig ist, dass man nie aufhört zu fragen."

*"Fühle,
statt nur zu sehen,
begreife,
statt nur zu verstehen."*

Christina Eckstein

Die volle Wirkung entfalten

Wie Sie sicher schon mitbekommen haben, entfaltet sich die Kraft der Frage „Warum?“ nicht dadurch, dass wir einmal von ihr gehört haben, sondern erst dann, wenn wir sie in die praktische Anwendung bringen. Dieses Kapitel widmet sich daher der einfachen und alltäglichen Arbeit mit ihr, um eine tiefere Selbstreflexion zu ermöglichen, die eigenen Ziele klarer zu formulieren und eine größere Liebe zu sich selbst zu entwickeln.

1. Notizen als tägliche Begleiter
Es empfiehlt sich, einen Zettel oder ein Notizbuch in Ihrer Reichweite zu platzieren. Dies ermöglicht es Ihnen, spontane Gedanken und Beobachtungen festzuhalten. Wenn Ihnen während des Tages Situationen begegnen, die Sie hinterfragen möchten, haben Sie so immer die Möglichkeit, Ihre Gedanken festzuhalten. Lassen Sie sich nicht täuschen von dem Gedanken: „Ach, das werde ich mir ohnehin merken.“ Manche Ihrer Impulse und Gedanken, die während dieser Reflexionsphase in Ihr Bewusstsein

kommen, sind flüchtig, aber enorm wichtig. Sie sind deshalb so wichtig, weil sie lange Zeit unterbewusst in Ihnen gewirkt haben und erst jetzt, da Sie den Mut aufbringen genauer hinzusehen, in Ihr Bewusstsein aufsteigen. Also halten Sie bitte alles fest, was Ihnen während dieser aktiven Arbeit mit dem „Warum" in den Sinn kommt, ganz gleich, wie irrelevant es Ihnen am Anfang erscheinen mag.

2. Auswahl der Themenfelder

Nehmen Sie sich die Zeit, um über Ihre Entscheidungen, Handlungen, Emotionen, Beziehungen und Ihr Leben in den jeweiligen Themenbereichen nachzudenken, die Sie während des Lesens angesprochen hatten. Arbeiten Sie sich bitte auch hier nicht mit dem Kopf durch diese Bereiche, sondern mit Ihrem Herzen. Vielleicht möchten Sie noch einmal zum Inhaltsverzeichnis blättern und in sich hineinfühlen, welches Thema Sie am meisten berührt hat. Beginnen Sie doch einfach damit.

3. Tiefgründigkeit und Hartnäckigkeit

Gehen Sie tief. Lassen Sie sich nicht von oberflächlichen Antworten abschrecken. Graben Sie tiefer, um die wahren Motive und Beweggründe hinter Ihren Gedanken, Handlungen und Gefühlen zu enthüllen. Seien Sie geduldig mit sich selbst und erlauben Sie sich, ehrlich und offen zu sein. Manchmal denken wir auch, wir hätten eine Frage bereits beantwortet, aber wenn wir uns die Zeit nehmen, sie noch einmal zu überdenken (oder: überfühlen), stoßen wir möglicherweise auf tiefere Schichten. Lassen Sie nicht locker. Wenn Sie denken, Sie hätten eine Antwort gefunden, setzen Sie sich erneut hin und lassen Sie Ihren Gedanken freien Lauf. Dies ist eine Gelegenheit, sich selbst wirklich zu verstehen.

Die Frage „Warum?" wird so zu einem wertvollen Werkzeug, das Sie auf Ihrem Weg zur Selbsterkenntnis begleitet. Also nehmen Sie sich bitte die Zeit, um diese Frage zu erforschen und lassen Sie sich von den Erkenntnissen überraschen, die auf Sie warten.

"Wenn wir uns wirklich fühlen wollen, legen wir unsere Hände auf unser Herz, weil das der Ort ist, an dem wir Zuhause sind."

Christina Eckstein

Die Balance finden

Wie in allen Dingen des Lebens geht es auch im aktiven Umgang mit der Frage „Warum?“ darum, das Gleichgewicht zu wahren und auf Ihr Gefühl zu vertrauen. Der nachfolgende Hinweis soll Ihnen dabei helfen, die angemessene Anwendung dieser Frage zu erkennen und zu wissen, wann es Zeit ist, innezuhalten.

Genauso wichtig, wie das Streben nach Erkenntnis und Weiterentwicklung, ist es, das Leben in seiner Gegenwärtigkeit zu genießen. Wenn Sie sich ständig fragen „Warum?“, kann es schnell passieren, dass Sie in eine Spirale der Selbstkritik und des übermäßigen Grübelns geraten. Es ist in Ordnung, sich selbst zu hinterfragen und nach Verbesserungen Ausschau zu halten, aber achten Sie darauf, nicht zu hart mit sich selbst ins Gericht zu gehen. Daher soll diese Frage mit einem gewissen Feingefühl für Timing und Grenzen gestellt werden. Und woher wissen Sie, wann die Frage nun angemessen ist? Sie tragen etwas sehr Wertvolles in sich: Ihren inneren Wegweiser – Ihr Herz. Ler-

nen Sie also in sich hineinzufühlen und zu spüren, wann es passend ist, die Frage zu stellen und wann nicht.
Auch wenn ich kein Fan von „Für-Jeden-Geeignet-Techniken“ bin, möchte ich Ihnen an dieser Stelle eine ganz einfache Meditationstechnik, beziehungsweise Herz-Kommunikationstechnik, mit auf den Weg geben. Dieses Tool hilft Ihnen dabei, nicht nur Herz und Verstand in Einklang zu bringen, sondern auch die Botschaften Ihres Herzens intensiver wahrzunehmen:

- Atmen Sie 5 Sekunden lang ruhig ein und 5 Sekunden lang wieder aus. Das hilft Ihnen zur Ruhe zu kommen, denn diese Atmung signalisiert unserem Körper Sicherheit. Denn nur, wenn wir sicher sind, atmen wir ruhig und können unseren Fokus vom Außen ins Innen richten.
- Legen Sie Ihre Hände auf Ihr Herz. Somit verlagern Sie Ihre Aufmerksamkeit auf Ihr Herz. Fühlen Sie wie es schlägt, fühlen Sie die Energie, die durch Ihre Hände zu Ihrem Herz fließt. Sollten Sie übrigens eine der Personen sein, die Ihr Herz gerade nicht wahrnehmen kann: Keine Sorge, es schlägt für Sie. Genießen Sie einfach die Ruhe, von der

Sie umgeben sind.

- Lassen Sie nun hochschwingende Gefühle, wie Dankbarkeit, Liebe, Fürsorge, Freude etc. in sich aufsteigen. Vielleicht liegt nun auch ein sanftes Lächeln auf Ihrem Gesicht.
- Nun können Sie Ihrem Herzen eine Frage stellen und fühlen, wie es sich bei einem „Ja!“ und einem „Nein!“ unterschiedlich verhält. Ihr Herz spricht Ihre Sprache. Sie werden immer mehr – wenn Sie diese Übung regelmäßig anwenden – Ihre Herz-Antworten verstehen. Ganz gleich, ob es Gefühle sind, die in Ihnen aufsteigen, Bilder, die Sie plötzlich sehen, Farben, die Sie wahrnehmen können oder Töne, die Sie hören oder gar etwas anderes.

Das Leben ergründen ist großartig, aber das Leben auch einfach einmal zu feiern oder sein zu lassen, so wie es ist, ebenso. Finden Sie also Ihre ganz eigene Balance!

"Das Leben ist Veränderung und du bist dazu gemacht flexibel, kreativ und lösungsorientiert auf neue Situationen zu reagieren. Nutze endlich dein wahres Potenzial!"

Christina Eckstein

Die Schritte der Veränderung gehen

Ein jeder Veränderungsprozess besteht aus den nachfolgenden Schritten. Das „Warum" kann jeden dieser Schritte entscheidend unterstützen.

1. Bewusstsein

Der erste Schritt in einem Veränderungsprozess ist das Bewusstwerden. Hier setzt das „Warum" an. Es ermöglicht Ihnen, unbewusste Verhaltensmuster, Glaubenssätze und Antriebe zu erkennen. Durch das Hinterfragen des „Warums" können Sie Dinge wahrnehmen, die zuvor im Dunkeln verborgen waren. Nur, was wir kennen, können wir auch verändern.

2. Annahme

Die Annahme dessen, was ist, ist wesentlich für den Veränderungsprozess. Es geht hierbei darum, Dinge anzunehmen, wie sie sind und sie nicht zu be- oder verurteilen. In diesem Buch wurden Sie bereits mehrfach aufgefordert, sich auch für die Aspekte zu lieben, die Sie gerne vor sich und anderen verbergen würden. Das „Warum“ kitzelt genau diese Eigenschaften in Ihnen heraus und lässt Sie mit Ihnen in einem Annahme- und Selbstliebe-Prozess allein. Und sie werden es schaffen: Sie können sich selbst lieben, ohne die Hilfe von außen dafür zu benötigen. Denn es heißt ja SELBSTliebe. Humor kann dabei übrigens sehr hilfreich sein.

3. Loslassen

Nachdem Sie mit der Frage „Warum?“ Licht in alle Bereiche gebracht haben, geht es nun darum, alte und immer wiederkehrender Muster loszulassen und sich selbst in einem kurzen Moment der Freiheit von absolut allem zu betrachten. „Nichts macht kreativer als ein leeres Blatt Papier“, vielleicht haben Sie das schon einmal gehört. Seien Sie dieses Blatt Papier und beginnen Sie eine neue Geschichte – oder eine neue Zeichnung – auf diesem Blatt.

4. Neuausrichten

Klarheit über das, was Sie wollen, haben Sie durch das „Warum“ auch gewonnen. Nun gilt es nach dem Loslassen kreativ zu sein und die neuen Ziele klar zu formulieren, sie unnachgiebig zu forcieren und intensiv zu fühlen. Somit sind Sie jetzt in der Lage, sich auf das Wesentliche zu konzentrieren und Ihr Leben bewusst in die von Ihnen gewünschte Richtung zu lenken.

5. Handeln

Das bedeutet konkret: Gehen Sie auf das Neue zu! Wenn Sie etwas in Ihrem Leben verändern wollen, Ihre Ziele erreichen möchten, welche auch immer das sein mögen, dann müssen Sie sich in Bewegung setzen. In dem Moment, in dem Sie sich in Bewegung setzen, setzen Sie auch Unmengen an Energie im ganzen Universum in Bewegung (alles ist miteinander verbunden) und diese Energien helfen Ihnen, Ihr Ziel zu erreichen. Ihr persönliches „Warum" hat die Kraft Sie zu motivieren und ein langfristiges Durchhalten zu garantieren – nutzen Sie es!

Das „Warum" ist ein wirkungsvolles Element im Prozess der Veränderung. Es begleitet Sie durch die verschiedenen Schritte, von der Bewusstwerdung bis hin zum Handeln. Setzen Sie es bewusst ein, um erfolgreich Veränderungen in Ihrem Leben zu gestalten und eine erfüllte Zukunft zu schaffen.

"Vielleicht bin ich die
Einzige hier, die sieht
wie mächtig du wirklich
bist und das Einzige, was ich
jetzt tun kann,
ist so lange an dich
zu glauben,
bis du es selbst tust."

Christina Eckstein

Die einen schaffen es, die anderen nicht

Die nachfolgenden Wahrheiten wirken wieder so banal, dass die meisten Menschen sie einfach übersehen. Deshalb gelingt es einigen auch einfach nicht, erfolgreich, frei und glücklich zu sein und anderen hingegen - die diese Wahrheiten erkannt haben und nach ihnen leben und handeln - schon.

Der Schatz im Meer der Alltäglichkeit
Nein! Nein! Und nochmals: Nein! Suchen Sie nicht im Außen nach dem großen Glück und schneller Veränderung. Suchen Sie nicht auf Workshops, Reisen und in Ausnahmesituationen. Wenn Sie wissen wollen, wer Sie wirklich sind: Beobachten Sie sich in Ihrem Alltag. Die Dinge, die Sie ständig tun, sagen aus, wer Sie wirklich sind. Wenn Sie sich verändern wollen, verändern Sie Ihren Alltag Schritt für Schritt. Nebenbei erhalten Sie so auch noch den Zugang zum sagenumwobenen „Hier und Jetzt". Durch die Präsenz in Ihrem Alltag werden Sie achtsam und praktizieren durch den Perspek-

tivwechsel auf Ihr Leben immer mehr eine gelebte Dankbarkeit. Lassen Sie sich überraschen!

Die geheime Zutat der Zielerreichung

Was wir nicht fühlen können, ist getrennt von uns. Was wir fühlen können, ist ein Teil von uns. Wenn Sie also Ihre Ziele wirklich erreichen wollen, machen Sie Ihre Ziele durch die Kraft Ihrer Gefühle zu einem Teil Ihres Lebens. Fühlen Sie Ihr Ziel. Ganz automatisch werden Sie dabei auch dem berühmten Desaster der Zerrissenheit ein Ende setzen, weil Sie nur Ziele wirklich fühlen können, die Ihrem wahren Selbst entsprechen. Und diese Ziele werden Sie immer erreichen.

Der Irrglaube „normal" sein zu wollen

Normal ist der Durchschnitt. Der aktuelle Durchschnitt unserer Gesellschaft hat ein niedriges Energieniveau, ein geringes Einkommen (meist mehrere Jobs gleichzeitig), spricht über das Wetter oder andere Dinge, die er nicht ändern kann oder will. Menschen, die außerhalb der Norm leben, sind bereit mehr zu entdecken, mehr zu verlangen, mehr zu geben, mehr zu verdienen, mehr zu fühlen, mehr zu hinterfragen. Während normale Leute über ihre Träume reden, gehen verrückte Menschen einfach los und leben ihre Träume. Sind Sie sich also sicher, dass sie normal sein wollen?

Die Hingabe als Lebenselixier

Die Wahrheit ist: Transformation kann wehtun und Veränderungen sind Prozesse. Prozesse haben unterschiedliche Stufen. Stufen, bei denen schier nichts vorangeht und Stufen, in denen plötzlich alles auf einmal geschieht. Die Kunst ist es, mit diesen Extremen umgehen zu können, sie auszuhalten und sie mit absoluter Selbstverständlichkeit anzunehmen. Des Weiteren sind Veränderungsprozesse Wellen. Wellen des absoluten Glücks und der tiefen Trauer. Lernen Sie diese Wellen zu reiten, sich von ihnen mitreißen zu lassen - und zwar genau dann, wenn sie kommen. Und haben Sie die Bereitschaft die Wellen in dem Ausmaß anzunehmen, in dem sie Sie treffen. Ihr Rettungsreifen ist hier das Wissen, dass Sie innerlich immer heil und ganz sind und Ihr Surfboard sollte die Neugierde auf Ihre wahre Essenz sein. Schnappen Sie sich also Rettungsreifen und Surfboard und springen Sie ins Meer der Veränderung.

CHRISTINA ECKSTEIN

Die Autorin Christina Eckstein
(geb. 1993 in Bayreuth, wohnhaft in Dresden)
war bereits direkt nach ihrem Bachelorabschluss
(Sozialpädagogik und Management) als Dozentin tätig.
Seit 2020 nimmt sie als Rednerin und Trainerin für
Bewusstseins- und Persönlichkeitsentwicklung bei ihren
Veranstaltungen ihr Publikum mit auf die Reise, sich
selbst und die Welt neu zu entdecken.
Als Coach bringt sie mit viel Gefühl und
unkonventionellem Denken ihre Klient*innen zurück in
ihre Kraft und unterstützt sie dabei ihre Träume zu leben.

Loved this book?
Why not write your own at story.one?

Let's go!